COLLECTION DE M. D. W...

PORTRAITS

DE LA REINE

MARIE ANTOINETTE

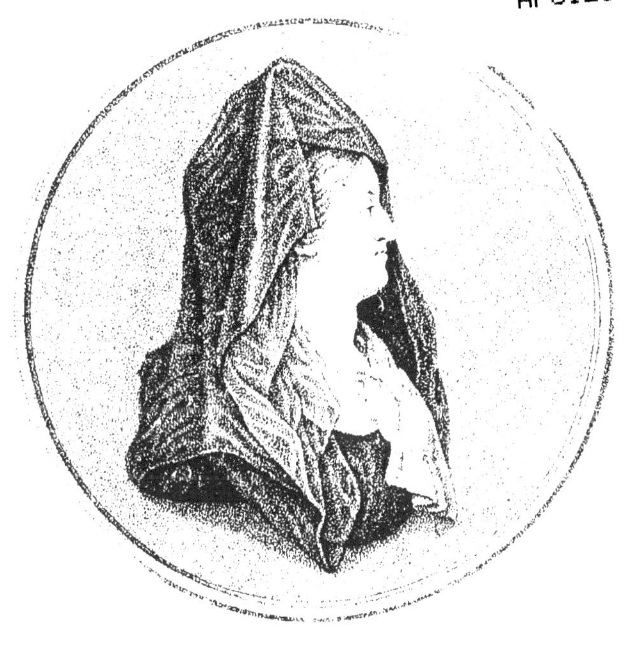

PARIS

PORTRAITS

DE LA REINE

MARIE-ANTOINETTE

ET

DE LA FAMILLE ROYALE

CONDITIONS DE LA VENTE

Elle sera faite au comptant.

Les adjudicataires paieront *dix pour cent* en sus des enchères.

MM. les Amateurs pourront visiter la collection, 65, rue Saint-Lazare, du 1er au 5 mars 1907, le dimanche excepté.

NOTA. — Tous les portraits et pièces relatifs à la Reine ont été catalogués dans l'ordre du catalogue descriptif et raisonné, par Lord Ronald Gower : *Iconographie de la Reine Marie-Antoinette*. Paris, A. Quantin, 1883. In-4°.

Paris. — Imprimerie Georges Petit. — 17452-07.

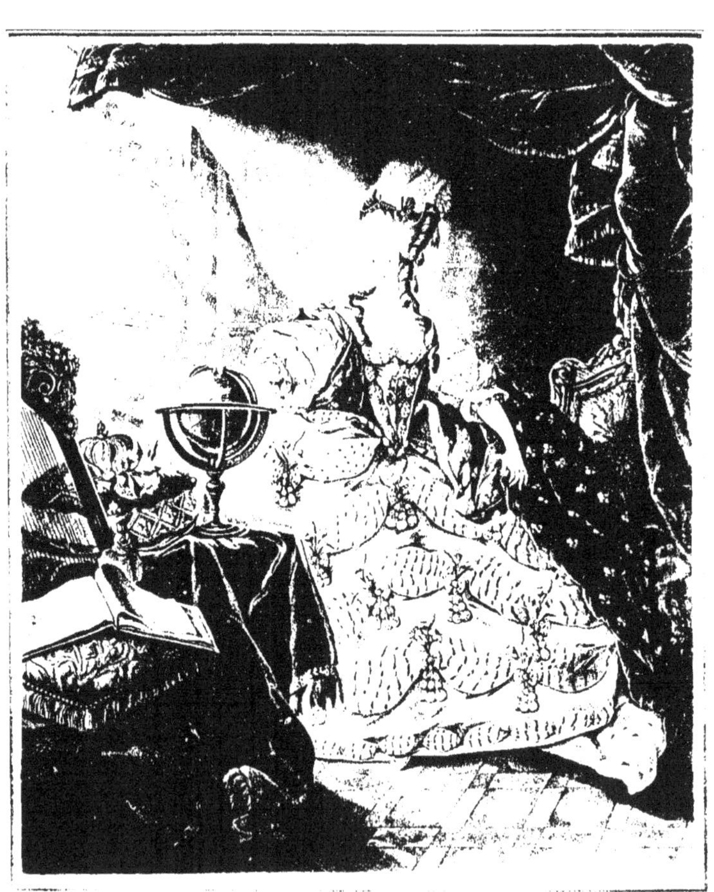

CATALOGUE

DES

PORTRAITS

IMPRIMÉS EN NOIR & EN COULEURS

DE LA REINE

MARIE-ANTOINETTE

ET DE LA

FAMILLE ROYALE

Pièces historiques — Caricatures — Feuilles de costumes
Documents

Composant la collection de M. P. D.....

ET DONT LA VENTE AUX ENCHÈRES AURA LIEU

Hôtel des Commissaires-priseurs

Rue Drouot, n° 9, Salle n° 7

Le Vendredi 8 Mars 1907, à 2 heures

COMMISSAIRE-PRISEUR

Mᵉ F. LAIR-DUBREUIL, 6, rue Favart

EXPERTS

M. PAUL ROBLIN | MM. PAULME & LASQUIN FILS

65, rue Saint-Lazare, 65 | 10, rue Chauchat | rue Laffitte, 12

EXPOSITION PUBLIQUE

Le Jeudi 7 Mars 1907, de 2 heures à 6 heures

DÉSIGNATION

PREMIÈRE PARTIE
Portraits de Marie-Antoinette

ADRESSE

1 — A la Reine de France. *Pâtureaux, marchand confiseur*, rue des Lombards. Médaillon pour dessus de boîte (non décrit).

Belle épreuve, sans marges. Rare.

AUVRAY (L.)

2 — Allégorie sur l'alliance de Mgr le Dauphin avec l'Archiduchesse Marie-Antoinette. In-4°, cadre orné, d'après Beauvais (6).

Belle épreuve, petites marges.

BALLIN

3 — MARIE-ANTOINETTE. La Ferme du parc de Trianon, Gr. in-fol. en larg., d'après J. Caraud. *Publié chez Goupil* (non décrit).

Belle épreuve à toutes marges.

BARTOLOZZI (Fr.)

4 — Marie-Antoinette, Reine de France et de Navarre. D'après M. J. Barber. In-8° (11).
Belle épreuve, marges.

BARTOLOZZI (Fr.)

5 — Her Majesty Marie-Antonette, Queen of France. Ovale in-8°, d'après P. Violet (12).
Très belle épreuve, grandes marges.

BARTOLOZZI (Fr.)

6 — Apothéose. In-fol., d'après W. Hamilton. 1799 (16).
Composition connue sous le nom d'Apothéose de Louis XVI, représentant Louis XVI et Marie-Antoinette à droite avec le premier Dauphin, et à gauche, Madame Élisabeth. Ils sont sur des nuées, et entourés d'anges. Plus bas, le Dauphin Louis-Charles monte, porté par son ange gardien, qui lui indique du geste le groupe de ses parents.
Au bas de l'estampe, on voit une vue de Paris et de la Seine.
Très belle épreuve imprimée en couleurs, petites marges et doublée.

BASSET (A Paris, chez)

7 — Marie-Antoin^te-Josèphe-Jeanne de Lorraine. In-8° (17).
Belle épreuve, grandes marges.

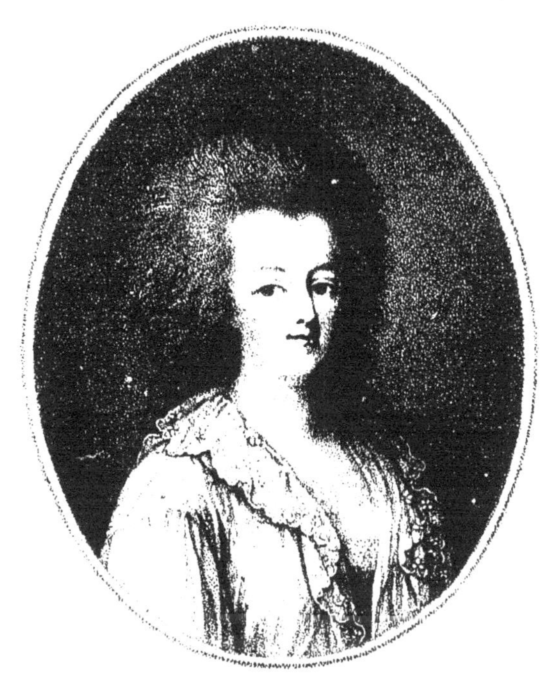

Engraved by F. Bartolozzi R.A. Engraver to His Britannic Majesty

from an Original Miniature Picture Painted by F. Violet

Miniature Painter to Louis XVI King of France

N° 5

FR. BARTOLOZZI

BASSET (A Paris, chez)

8 — MARIE-ANTOINETTE. LOUIS XVI. COMTE ET COM-
TESSE DE PROVENCE. Quatre profils sur une feuille
in-4°, tirée de *la Collection d'habillements moderne
et galant* (non décrit).

Très belle épreuve. Coloriée du temps, à toutes
marges.

BASSET (A Paris, chez)

9 — Vue du char funèbre de la translation à Saint-
Denis des corps de Louis XVI et de la Reine
Marie-Antoinette. Prise sur le boulevard de la
Madeleine, le 21 janvier 1815. In-fol. en larg.
(non décrit).

Belle épreuve à toutes marges.

BENOIST Jeune (J.-L.) et GIRARD

10 — Adieux de Louis XVI (32).

Marie-Antoinette conduite à l'échafaud, d'après
Queverdo (162).

Deux pièces in-4° ovales en larg. Belles épreuves
avant la lettre, grandes marges.

BERTONNIER

11 — MARIE-ANTOINETTE. In-8°, 1826 (35).

Très belle épreuve avec la lettre grise et le nom
de l'artiste tracé à la pointe, grandes marges.

BONNEFOIX (Vᵉ)

12 — MARIE-ANTOINETTE, Archiduchesse d'Autriche, Reine de France. Petit in-4°, d'après Mᵐᵉ Vigée-Lebrun (44).

Épreuve coloriée et rehaussée d'or, petites marges.

BONNET (A Paris, chez)

13 — Louis XVI, Roi de France, accorde une grâce.

Marie-Antoinette-Jeanne d'Autriche, Archiduchesse, Reine de France et Marie-Thérèse-Charlotte, Madame de France.

Monsieur, Frère du Roi, donnant des ordres pour l'exécution d'un plan.

Marie-Josèphe-Louise de Savoie, Madame, et les dames d'honneur.

Suite de quatre pièces in-8° (584-587), gravées et imprimées en couleur (non décrites).

Très belles épreuves. Marges, rare.

BONNEVILLE (F.)

14 — MARIE-ANTOINETTE, Archiduchesse d'Autriche. Ovale in-8° (49).

Deux épreuves avec adresses différentes, marges.

BONNEVILLE (F.)

15 — Bustes du Roi, de la Reine et du Dauphin, de profil à gauche, accolés sur un fond rectangulaire dans un cadre équarri, suspendu par un anneau. Dans la partie blanche, entre le fond des portraits et l'encadrement, en haut : *Ancien Gouvernement français*. In-4° (50).

Très belle épreuve imprimée en couleurs, marges. Très rare.

BOUCHER (A Paris, rue)

16 — MARIE-ANTOINETTE, Archiduchesse d'Autriche, Reine de France et de Navarre. In-4° à l'aquatinte (57).
Belle épreuve, marges.

17 — Le même portrait.
Épreuve avec petites marges.

BOVI (Mariano)

18 — MARIE-ANTOINETTE, Queen of France. Ovale in-4°, d'après Du Creü. 1793 (59).
Très belle épreuve imprimée en couleurs, marges.

BOVI (Mariano)

19 — MARIE-ANTOINETTE, Queen of France. Louis XVI, King of France. Deux portraits ovales in-4° faisant pendants, d'après du Creü et H. Caleis (59).
Très belles épreuves imprimées en bistre, marges, avec la faute au mot *Antoniette*.

BOVI (Mariano)

20 — Famille Royale de France.
Arrestation du Roy Louis XVI à Varennes.
Le Dauphin arraché des bras de sa mère.
La Séparation du Roi d'avec sa famille désolée.
Procès de Marie-Antoinette, Reine de France. October 14, 1793.
La Reine est traînée en prison au milieu de la nuit.
Suite de six estampes in-fol. en larg. d'après Pellegrini et autres, et publiée à Londres en 1794 (60).
Belles épreuves, marges, une est avec la lettre grise, et on y a joint une plaquette imprimée.

BROOKSHAW (R.)

21 — MARIE-ANTOINETTE D'AUTRICHE, sœur de l'Empereur, Reine de France. In-fol. à la manière noire
(66).
Très belle épreuve, grandes marges.

BULAND (E.)

22 — MARIE-ANTOINETTE, Reine de France, représentée
à mi-corps et tenant une rose. In-4° (non décrit).
Très belle épreuve avant la lettre, sur papier du
Japon.

23 — Le même portrait.
Très belle épreuve avant la lettre, sur parchemin.

BULAND (E.)

24 — MARIE-ANTOINETTE, Reine de France, représentée
à mi-corps et tenant une corbeille pleine de fleurs.
In-4° (non décrit).
Très belle épreuve avant la lettre, sur parchemin.

CAMPANA (D'après)

25 — La Reine remet le Dauphin à la France. In-4°
(non décrit).
Belle épreuve, sans marges de trois côtés.

CANU

26 — MARIE-ANTOINETTE, Reine de France. In-4° (71).
Belle épreuve, grandes marges.

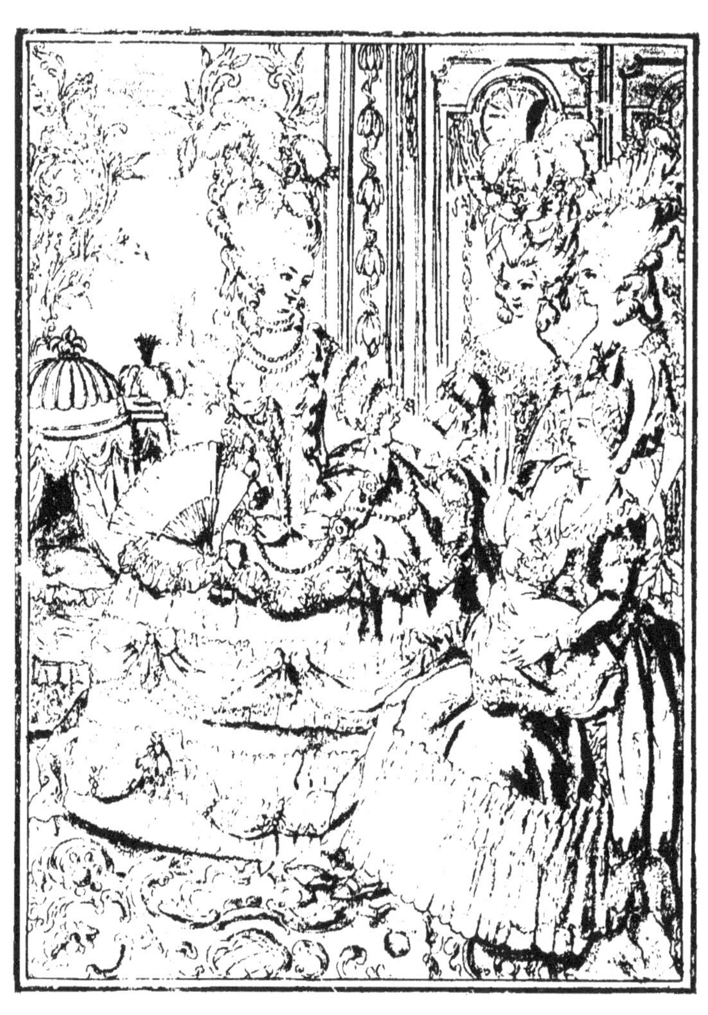

Marie Antoinette Jeanne d'Autriche Archiduchesse,
Reine de France,
et Marie Therese Charlotte, Madame de France.

N 13

CANU

27 — Bouquet d'immortelles. Des fleurs formant un
bouquet portant les portraits de la Famille royale.
In-4° (74).

Très belle épreuve imprimée en couleurs, avec
la première adresse : *Rue Saint-Jacques, n° 29.*
Grandes marges.

CATHELIN

28 — Marie-Antoinette, Archid^{sse} d'Autriche, Reine
de France. In-fol. d'après Fredou (77).

Très belle épreuve, marges.

CAZENAVE

29 — Marie-Antoinette. Louis XVI. Deux bustes
forts comme nature. Ovales in-fol., d'après Le Barbier (78).

Belles épreuves gravées en imitation de crayon,
sans marges.

CAZENAVE

30 — Jugement de Marie-Antoinette. D'après Bouillon,
1794. In-fol. (79).

Très belle épreuve imprimée en couleurs avant
l'impression des huit lignes dédoublées sous la
légende, marges.

CHEESMAN (J.)

31 — Marie-Antoinette, late Queen of France. Profil dans un ovale in-8°. 1811 (83).

Très belle épreuve de l'ovale seul, imprimée en bistre, petites marges. Rare.

32 — Le même portrait.

Epreuve en noir avec entourage orné de divers attributs, petites marges.

CLAESSENS (L.-A.)

33 — Marie-Antoinette. Louis XVI. Deux portraits in-8°. Profils faisant pendants, d'après le comte de Norion (85).

Belles épreuves, marges.

CORNILLIET (Alfred)

34 — Les Derniers Adieux de Marie-Antoinette. In-fol. à la manière noire, d'après Henri Bource (non décrit).

Belle épreuve, marges.

CURTIS

35 — Marie-Antoinette d'Autriche, Reine de France, d'après Dufroe. Gr. in-4° (98).

Très belle épreuve imprimée en bistre, marges.

DAGOTY (Louis-Gautier)

36 — Marie-Antoinette, Reine de France. Représentée en pied, en grand costume de cour, d'après J.-B. André-Gautier Dagoty. In-fol. à la manière noire (non décrit).

Splendide épreuve, imprimée entièrement en noir et d'une parfaite égalité de tirage, marges. De toute rareté en aussi bel état.

Cadre baguette avec fronton, couronne royale et branches de lauriers.

DAUDET et JOUBERT (A Lyon, chez Vve)

37 — MARIE-ANTOINETTE, Princesse d'Autriche, Reine
de France. Louis XVI, Roy de France. Deux
portraits in-4° en pied, faisant pendants (non
décrits).
Épreuves avec petites marges. Curieuses et rares.

DAVID (A.-F.)

38 — Trait de bienfaisance, dédié et présenté à la
Reine, d'après Dugoure. In-4° en larg. (106).
Belle épreuve, petites marges.

DEMARTEAU (Gilles)

39 — MARIE-ANTOINETTE Jos. Jea. Dauphine de France.
LOUIS-AUGUSTE, Dauphin de France. Deux por-
traits en médaillons, faisant pendants, d'après
Vassé (113).
Très belles épreuves imprimées à la sanguine,
petites marges.

DENY

40 — MARIE-ANTOINETTE, Archiduchesse d'Autriche,
Reyne de France, en robe de cour, etc. In-4° en
pied, d'après Desrais. *A Paris, chez Basset* (114).
Très belle épreuve, petites marges.

DESENNE (Alex.)

41 — Petit médaillon, représentant Marie-Antoinette,
Madame Royale et Madame Élisabeth se séparant
du Dauphin, qu'un geôlier emmène à droite. In-18
(116).
Deux belles épreuves avant toutes lettres, dont
une à l'eau-forte pure, grandes marges.

DESSIN

42 — Apothéose de Marie-Antoinette, Reine de France,
In-4°, sans nom d'artiste.
Crayon noir, rehaussé de blanc, sur papier bleu.

DUCLOS (A.-J.)

43 — La Reine annonçant à Mme de Bellegarde, des
juges, et la liberté de son mari, en mai 1777.
D'après Desfossés. In-fol. en larg. (122).
Belle épreuve, sans marges de trois côtés.

DUCLOS (A.-J.)

44 — MARIE-ANTOINETTE secourant des malheureux.
Vignette parue dans *les Annales du Règne de
Marie-Thérèse*, d'après J.-M. Moreau le jeune.
In-8° (non décrit).
Belle épreuve avec la pagination.

DUFLOS (Pierre)

45 — MARIE-ANTOINETTE Josèphe Jeañe d'Autriche,
Archiduchesse, Reine de France et de Navarre.
In-4° en pied, en grand costume de cour, d'après
Touzé. Tirée en partie du tableau peint par M^d le
Breun (*sic*). *A Paris, chez Duflos le jeune* (123).
Très belle épreuve coloriée du temps et rehaussée
d'or, grandes marges.

DUPIN fils (N.)

46 — MARIE-ANTOINETTE, Archiduc^e d'Autriche, Sœur
de l'Empereur, Reine de France. In-4°, d'après
Vanloo (128).
Très belle épreuve à toutes marges.

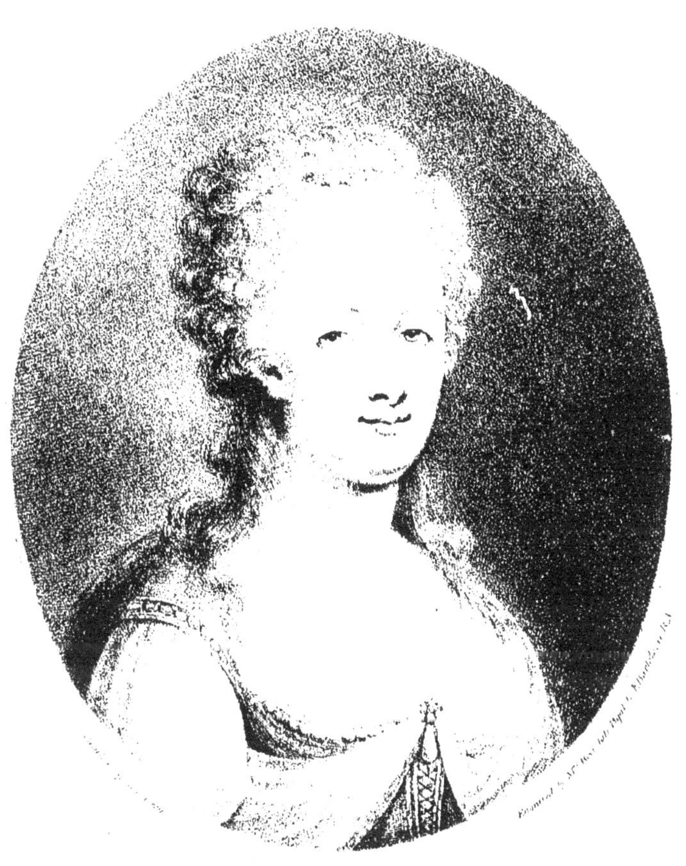

MARIE ANTOINETTE, QUEEN OF FRANCE.

London, Published March 1, 1797, by Mr. Paul, Nº 163, Piccadilly, and Mr. Molteno, Pall Mall.

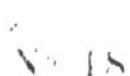

Nº 18

MARIANO BOVI

DUPIN

47 — Marie-Antoinette, Archiduchesse d'Autriche, Sœur de l'Empereur, Reine de France. In-8°. Cadre orné. *A Paris, chez Esnault et Rapilly* (130).

Très belle épreuve avant le nom du graveur, tracé à la pointe en bas à gauche, petites marges.

48 — Le même portrait.

Belle épreuve avec le nom du graveur, tracé à la pointe en bas à gauche, à toutes marges.

D'UPLESSIS-BERTAUX (J.)

49 — Les Derniers Adieux de Louis XVI. Petite pièce en médaillon (131).

Deux belles épreuves avant toutes lettres, dont une à l'eau-forte pure, grandes marges.

50 — Le même sujet.

Petit medaillon en tête du Testament de Louis XVI. In-fol. (131).

Belle épreuve, marges.

ESNAUTS et RAPILLY (A Paris, chez)

51 — Coeffure de la Reine. Nouvelle coeffure en plumes. Bonnet en fichu. Bonnet aux aigrettes. Quatre sujets sur une feuille, *2ᵉ cahier des Nouveaux costumes pour les coeffures.* Pet. in-fol. (non décrit).

Très belle épreuve coloriée du temps, marges.

FLAMENG (D'après Fr.)

52 — Marie-Antoinette allant au supplice. In-fol. *Photogravure Goupil et Cⁱᵉ* (non décrit).

Belle épreuve sur papier de Chine.

FRANÇOIS (Alphonse)

53 — Marie-Antoinette au Tribunal révolutionnaire.
In-fol. (non décrit).

Très belle épreuve avant la lettre, sur papier de
Chine. Signée par le graveur.

GABRIELLI (A.)

54 — Marie-Antoinette, Reine de France. Ovale in-4°
avec, au bas, un sujet représentant l'exécution de
la Reine, d'après S. Gratise (148).

Très belle épreuve avec les noms des artistes
tracés à la pointe, marges.

GABRIELLI (A.)

55 — Marie-Antoinette d'Autriche, Reine de France.
Ovale in-4°, d'après S. Gratise (148 bis, non décrit).

Même portrait que le précédent, avec variante
dans la coiffure, et l'ovale seul.

Très belle épreuve imprimée en couleurs, grandes
marges.

GAUCHER (C.-S.)

56 — Le Rappel de Monsieur Necker. In-4° en larg.,
d'après J.-H. E....s (Eberts) (152).

Belle épreuve, petites marges.

57 — La même estampe.

Très belle épreuve avant la lettre, les noms
d'artistes tracés à la pointe, grandes marges.

GAVARD (Pantographie de)

58 — Portraits de la Famille royale, publiés dans les Galeries de Versailles, éditées par Gavard. Sept pièces in-fol. (153-154).

Belles épreuves sur papier de Chine, une est avant la lettre.

GÉRARD

59 — MARIE-ANTOINETTE D'AUTRICHE, conduite à l'échafaud. Composition in-4° ovale en larg., d'après Queverdo (162).

Belle épreuve imprimée en couleurs, marges.

60 — La même composition.

DESSIN ORIGINAL de Queverdo, à la mine de plomb, avec quelques variantes.

GODEFROY (F.)

61 — Exemple d'humanité donné par Madame la Dauphine, le 16 octobre 1773, d'après J.-M. Moreau le Jeune. In-4° en larg. (164).

Très belle épreuve, marges.

62 — La même estampe.

Belle épreuve, petites marges.

GRAINGER

63 — MARIA-ANTOINETTE, late Queen of France, in-8° en pied, d'après Bournonville. In-8° (167).

Très belle épreuve, marges.

HAÏD (J.-E.)

64 — Marie-Antoine (*sic*), Dauphine de France, Archiduchesse d'Autriche. In-fol. à la manière noire,
d'après J. Mich. Millitz (170).
Très belle épreuve, sans marges.

HAÏD (J.-E.)

65 — Antonia Regina, Ludovici XVI conjux (171).
Ludovicus XVI. Rex Galliæ et Navarræ.
Deux portraits in-4°, faisant pendants, gravés à
la manière noire, d'après Millitz.
Très belles épreuves coloriées du temps, petites
marges. Très rare.

HAINES

66 — Marie-Ant^te d'Autriche. In-4° à la manière noire,
d'après De Lorge (non décrit).
Très belle épreuve, petites marges. Rare.

HÉNAUTS et RAPILLY (Chez)

67 — Marie-Antoinette, Dauphine de France (176).
Louis-Auguste, Dauphin de France. Deux portraits
faisant pendants. In-8°. Cadres ornés.
Très belles épreuves, avant le privilège, marges.

68 — Le même portrait de la Dauphine.
Rare épreuve tirée à la sanguine, petites marges.

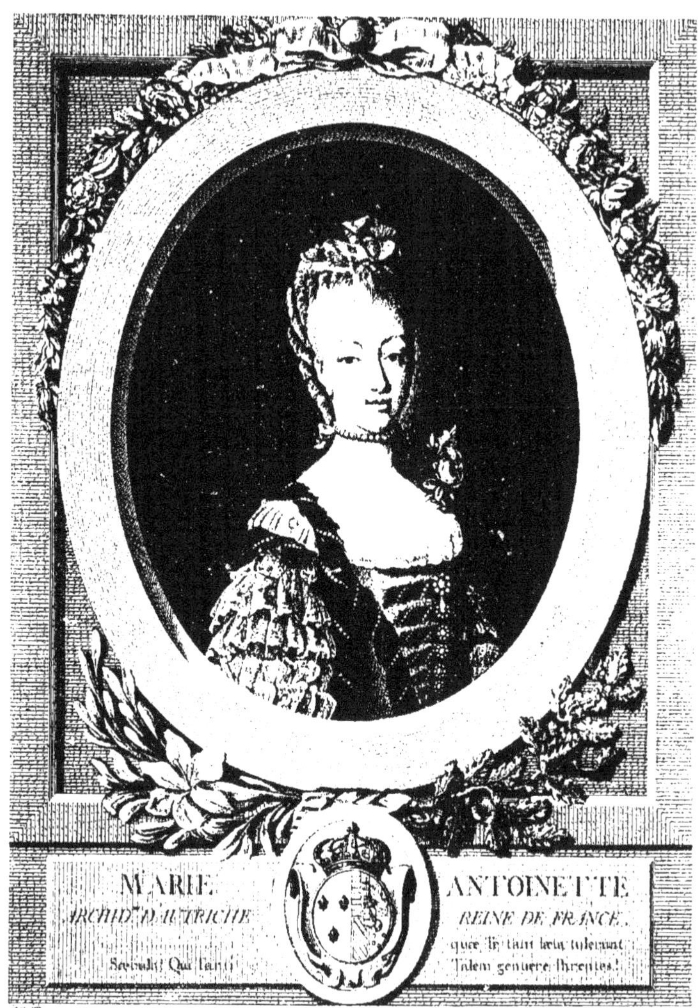

MARIE ANTOINETTE
ARCHID.sse D'AUTRICHE
REINE DE FRANCE.
Seclusi! Qui tanti
quæ tis tam bæta tulerunt
Talem genuere Parentes!

HUBERT (F.)

69 — MARIE-ANTOINETTE, Reine de France. In-8° non
signé (non décrit). LOUIS XVI, Roi de France et de
Navarre. In-8°, d'après P.-L. Boizot. Deux portraits
faisant pendants.

Très belles épreuves, celle de la Reine est à
toutes marges.

INGOUF (F.-R.)

70 — *Sic cor corda gerit, Sic omnia jungit in unum.*
Allégorie présentée par le peuple de Paris à la
Dauphine Marie-Antoinette, le 30 mai 1770. In-4°,
d'après Dugoure (184).

Très belle épreuve, marges.

ISABEY (A Paris, chès)

71 — Le Cœur de la nation. In-4° (185).
Reproduction de l'estampe en couleurs de
Janinet, d'après Huet.

Très belle épreuve, marges.

ISABEY (Chez)

72 — MARIE-ANTOINETTE, Reine de France, de profil
in-4° avec haute coiffure, formée de plumes et de
fleurs (186).

Très belle épreuve de l'ancien tirage, grandes
marges.

JANINET (Fr.)

73 — MARIE-ANTOINETTE D'AUTRICHE, Reine de France
et de Navarre. 1777. Ovale in-4°, avec l'encadrement
imprimé en or et bistre, sur fond bleu marbré (189).
Superbe épreuve, avec marges.

74 — Le même portrait.
Gravure en réduction in-4°, imprimée en couleurs, publiée en tête de l'ouvrage de M. de Nolhac.

JAZET

75 — Louis XVI recevant le Duc d'Enghien au séjour
des Bienheureux, d'après Roehn. In-fol. en larg.
(non décrit).
Très belle épreuve, grandes marges.

JEAN (A Paris, chez)

76 — MARIE-ANTOINETTE, Reine de France, in-8° (non
décrit).
Très belle épreuve, grandes marges.

JEE AND EGINTON (Publ. by)

77 — Exécution de Louis XVI.
La Reine conduite à son exécution.
Deux pièces in-fol. en larg., publiées en 1796
(non décrites).
Belles épreuves avant la lettre, petites marges.

JONXIS (P.-H.)

78 — La Reine, à la porte de la Conciergerie, va monter sur le tombereau qui doit la mener au supplice. A ses côtés, un prêtre lui adresse ses exhortations. In-fol. en larg., d'après Cuylenburg (198).

Belle épreuve avant la lettre (*Proefdr*), grandes marges.

LARMESSIN (Nicolas IV de)

79 — Marie-Antoinette-Josèphe-Jeanne d'Autriche, Reine de France et de Navarre. In-fol., en pied, en grand costume de cour (208).

C'est la planche du portrait de Marie Leckzinska, gravée par de Larmessin. On y a substitué une autre tête, effacé le nom du graveur et la légende, et on a remplacé l'écu aux armes de Pologne par celui des armes d'Autriche.

Belle épreuve avec grandes marges.

LE BEAU (Pierre-Adrien)

80 — Marie-Antoinette, Reine de France. Profil à droite, dans un cadre orné, in-18 (210).

Très belle épreuve, sans marges.

LE BEAU (Pierre-Adrien)

81 — Marie-Antoinette d'Autriche, Reine de France et de Navarre. Louis XVI, Roi de France et de Navarre. Ovales in-4° dans un encadrement de lys et de roses, d'après Binet. 1781. *A Paris, chez Mondhare* (non décrits).

Très belles épreuves, grandes marges, encadrées.

LE BEAU (Pierre-Adrien)

82 — MARIE-ANTOINETTE, Reine de France (213).
Louis XVI, Roy de France et de Navarre. Deux
portraits in-8°, cadres ornés.

Très belles épreuves avec A. P. D. R., petites
marges (mouillures).

LE BEAU (Pierre-Adrien)

83 — MARIE-ANTOINKTTE, Reine de France. Louis XVI,
Roi de France. Deux petits portraits in-18. *A Paris,
chez Esnault et Rapilly* (214).

Très belles épreuves tirées sur la même feuille et
avant le n°, marges.

LE BEAU (Pierre-Adrien)

84 — MARIE-ANTOINETTE, Reine de France. Buste de
profil dans un médaillon ovale, in-8°, cadre orné
(214).

Très belle épreuve, marges.

LE BEAU (Pierre-Adrien)

85 — MARIE-ANTOINETTE, Reine de France. Buste de
face dans un médaillon ovale, in-8°, cadre orné
(215).

Très belle épreuve avant le numéro, marges.

LE BEAU (Pierre-Adrien)

86 — MARIE-ANTOINETTE, Archid^e d'Autriche, sœur de
l'Empereur, Reine de France. De profil, en pied et
en grand costume de cour. In-4°, d'après Leclerc
(216).

Très belle épreuve, grandes marges, avec les
mots : *de Mgr le Duc de Chartres*, effacés.

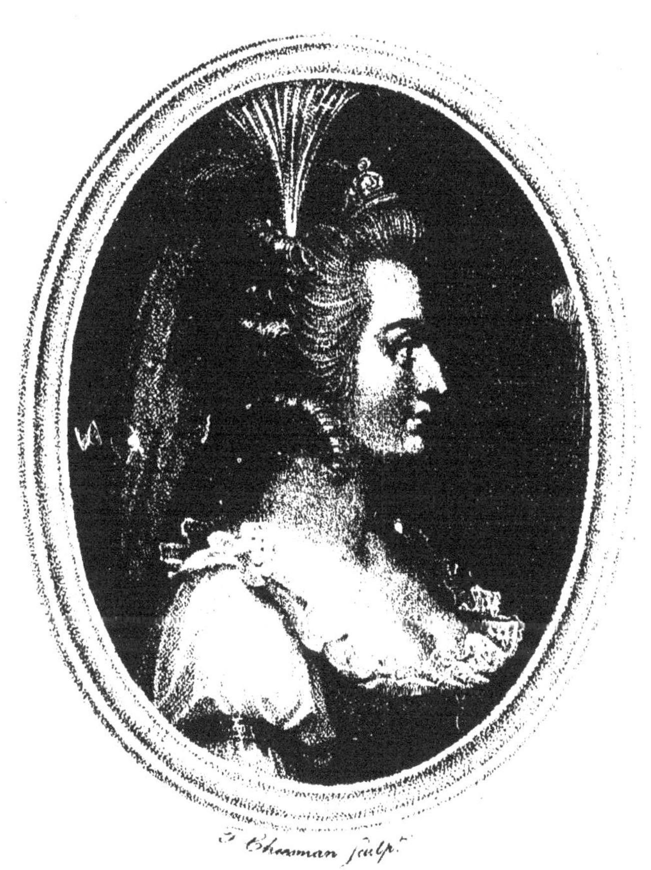
J. Cheesman sculp.

LEDOUX (F.-A.)

87 — Marie-Antoinette à Trianon. D'après Ch.-L. Müller. Grand in-fol. *Publié chez Goupil* (non décrit).

Belle épreuve à toutes marges.

LEDOUX (F.-A.)

88 — Marie-Antoinette à la Conciergerie. D'après Ch.-L. Müller. Grand in-fol. *Publié chez Goupil* (non décrit).

Belle épreuve à toutes marges.

89 — La même estampe.

Très belle épreuve avant toutes lettres, à toutes marges.

LEGOUX (L.)

90 — Marie-Antoinette d'Autriche, Reine de France. Buste en camée dans un médaillon. Profil à droite, un voile couvre la chevelure et retombe sur l'épaule. In-8°, d'après la m^ise de Lezay Marnezia (224).

Très belle épreuve, à toutes marges.

LEGRAND (Augustin)

91 — Famille royale. Six têtes dans un médaillon sur fond carré. In-4° (227).

Belle épreuve, grandes marges.

LE GRAND (P.-F.)

92 — La Reine présente le Dauphin à la France. Ovale in-4°, d'après Dardel (229).

Très belle épreuve imprimée en couleurs, grandes marges.

LE GRAND (P.-J.)

93 — Les Inutiles Regrets. Allégorie avec tombeau
sur lequel est le portrait de Louis XVI. In-fol.,
d'après Brion (non décrit).
Belle épreuve, petites marges, rare.

LEGUIN

94 — Almanach pour 30 ans, dédié à la Reine. Gr.
in-4° (230).
Manque de conservation.

LE MIRE (Noël)

95 — *A la Reine*. Portrait de Marie-Antoinette. Petit
ovale dans une composition allégorique, d'après
J.-M. Moreau le Jeune. In-4° (233).
Très belle épreuve. Petites marges.

LEVACHEZ

96 — MARIE-ANTOINETTE-JOSÈPHE-JEANNE DE LORRAINE,
Archiduchesse d'Autriche, dernière Reine de France.
Médaillon in-4°, avec scène de l'arrestation de
Varennes au bas (243).
Belle épreuve. Marges.

LEVACHEZ (Chez)

97 — Le Roi et la Reine, à mi-corps, placés en regard
dans un médaillon. Gravure au pointillé (245).
Superbe épreuve, imprimée en couleurs. Sans
marges.

LE VASSEUR (J.-C.)

98 — Bienfaisance du Roy, d'après Ch. Le Barbier le
Jeune. In-fol. (248).
Belle épreuve. Petites marges.

LE VEAU (J.-J.)

99 — Le Buste de la Reine, entouré des Grâces et
d'amours, dans un temple, devant un autel sur
lequel Melpomène dépose les œuvres de Métastase,
d'après J.-M. Moreau le Jeune. In-8º (249).
Épreuve avec la légende.

LONGUEIL (De)

100 — Allégorie : la Reine recevant des offrandes,
d'après C.-N. Cochin le fils. In-4º (252).
Très belle épreuve du premier tirage. Marges.

MACRET (César)

101 — Marie-Antoinette, Arch^{sse} d'Autriche, Reine
des Français. D'après L.-Eth Lebrun. 1789. Ovale
in-4º (254).
Très belle épreuve, imprimée en couleurs, *avec
la date de 1790 gravée au rebours*. Marges. En-
cadrée.

MALGO (Simon)

102 — MARIE-ANTOINETTE, Reine de France, née Archiduchesse d'Autriche (255).

LAMBALLE (Marie-Thérèse-Louise de Savoye-
Carignan, Princesse de).

Deux portraits in-fol., faisant pendants, gravés
à la manière noire d'après Anton Hickel.

Très belles épreuves ; celle de Marie-Antoinette
est avec la lettre grise. (Restaurations dans la
marge du bas.)

MARCHAND (J.)

103 — *Ils sont gravés dans ma pensée.* Une pensée
épanouie présente dans ses contours les portraits
du Roi et de la Reine, tandis que, sur la même
tige, une autre fleur, à peine entr'ouverte, présente
celui du Dauphin. In-8° (256).

Très belle épreuve en couleurs, à toutes marges.

MARCHAND (J.)

104 — *Ces fleurs nous retracent nos pertes.* Bouquet
de fleurs, dans lequel on voit les profils de la
Famille royale. Petit in-fol. (non décrit).

Très belle épreuve en couleurs, à toutes marges.

MASSARD (J.-B.)

105 — MARIE-ANTOINETTE, Archiduchesse d'Autriche,
Dauphine de France (263). LOUIS-AUGUSTE, Dauphin de France. Deux portraits in-18, faisant pendants. Cadres ornés.

Très belles épreuves, grandes marges.

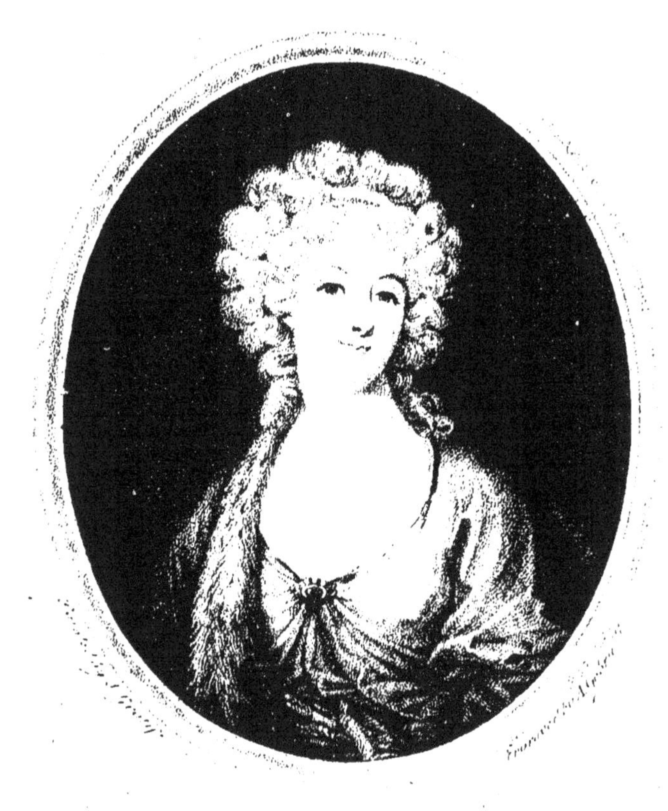

N° 55

A. GABRIELLI

MASSART (Louise)

106 — La France, à genoux, présente Marie-Antoinette à sa mère. In-4° (264).

Très belle épreuve, marges.

MIGER (S.-C.)

107 — MARIE-ANTOINETTE, Archiduchesse d'Autriche, Reine de France. Gr. in-4°, d'après Boze. 1814 (267).

Très belle épreuve de premier tirage, avant les mots : *Reducibus liliis. — Reduc Galliæ decus.* Marges. (Piqûres d'humidité.)

108 — Le même portrait.

Belle épreuve, avec les cinq mots gravés, entre le portrait et la tablette.

MOLINARI (London, Publd. by P.)

109 — Mnémosine, déesse de la Mémoire, pleurant les infortunés Louis XVI, Roi de France et Marie-Antoinette, Archiduchesse d'Autriche, son épouse, exécutés à Paris, sur la place Louis XV, par ordre de leurs propres sujets. In-4° (non décrit).

Très belle épreuve, grandes marges.

MONDHARE (A Paris, chez)

110 — MARIE-ANTOINETTE D'AUTRICHE, Reine de France et de Navarre, en habit de Cour et le manteau Royal (270).

Louis XVI, Roy de France et de Navarre, représenté dans ses habillements et attributs de la Couronne.

Deux portraits in-4°, en pied, faisant pendants, coloriés du temps et découpés en silhouettes. Rare.

MOREAU LE JEUNE (J.-M.)

111 — Le Bal Paré. Le Festin royal. Deux estampes
in-fol. faisant pendants (274-275).
Belles épreuves encadrées, d'un ancien tirage.

112 — Les mêmes estampes.
Tirage de la Chalcographie.

MURPHY (G.)

113 — MARIE-ANTOINETTE D'AUTRICHE, Reine de France,
représentée en veuve. In-fol. à la manière noire,
d'après Mme la Mise de Bréhan (280).
Superbe épreuve avant la lettre et avec i'adresse,
marges.

NÉE

114 — Vue intérieure de Notre-Dame, au moment de
l'arrivée de la Reine, pour l'action de grâce de la
naissance de Mgr le Dauphin, d'après Moitte. In-4º
en larg. (non décrit).
Belle épreuve, marges.

NÉE et MASQUELIER

115 — Les Garants de la Félicité publique, d'après
Saint-Quentin. In-4º (286).
Très belle épreuve avant la lettre. Les noms
d'artistes tracés à la pointe. Petites marges.

116 — La même estampe.
Très belle épreuve, grandes marges.

NILSON (J.-E.)

117 — Maria-Antonia, Delphinæ Franciæ, nata Archid. Austriæ, d'après **J.-M**. Miltiz. In-4°. Cadre orné (290).

Très belle épreuve, marges.

NOVIANCE (Victoire)

118 — Marie-Antoinette, Dauphine de France. Petit médaillon de la grandeur d'un chaton de bague, dans un cadre orné, avec légende de quatre vers, par M. Nogaret. In-18 (non décrit).

Très belle épreuve dans un cadre en bois sculpté et doré de l'époque Louis XVI.

PATAS

119 — Marie-Antoinette. En pied, debout devant un fauteuil brodé aux armes royales. Coiffure haute à aigrette et plumes. Corsage décolleté et jupe à panier, ornés de ruches. In-4°, d'après Le Clerc (292).

Très belle épreuve coloriée du temps. *A Paris, chez Esnault et Rapilly.*

120 — Le même portrait.

Très belle épreuve en noir, grandes marges.

PATAS

121 — Composition allégorique, où l'on voit l'Histoire montrant le temple où sont les effigies des Rois de la maison de Bourbon, y compris celles de la Reine Marie-Antoinette et de Louis XVI, d'après C.-L. Desrais. In-8° (293).

Belle épreuve avant la lettre, marges.

PATAS

122 — Avènement de Louis-Auguste XVI et de Marie-
Antoinette d'Autriche au trône de France, 10 mai
1774. In-4° (294).

Très belle épreuve, grandes marges.

PAYEN

123 — Marie-Antoinette. Louis XVI. Deux portraits
in-4° ovales faisant pendants (non décrits).

Très belles épreuves avant toutes lettres,
grandes marges.

PHÉLIPPEAUX

124 — M^rie Antoinette d'Autriche, Reine des François,
d'après Mme Dabos. In-8°. *A Paris, chez Mme Ber-
gny* (301).

Très belle épreuve, imprimée en couleurs,
marges. Très rare.

PRÉVOST (B.-L.)

125 — *Hommage aux Arts.* Buste de la Reine, dans un
médaillon, que des amours entourent de fleurs,
d'après C.-N. Cochin. In-4° (309).

Superbe épreuve avant la lettre, les noms d'artistes tracés à la pointe dans le bas de la gravure,
marges. Très rare.

PRIEUR

126 — La Reine à la Conciergerie. Tiré du cabinet de
M. l'abbé Carron. In-4° (310).

Belle épreuve à toutes marges.

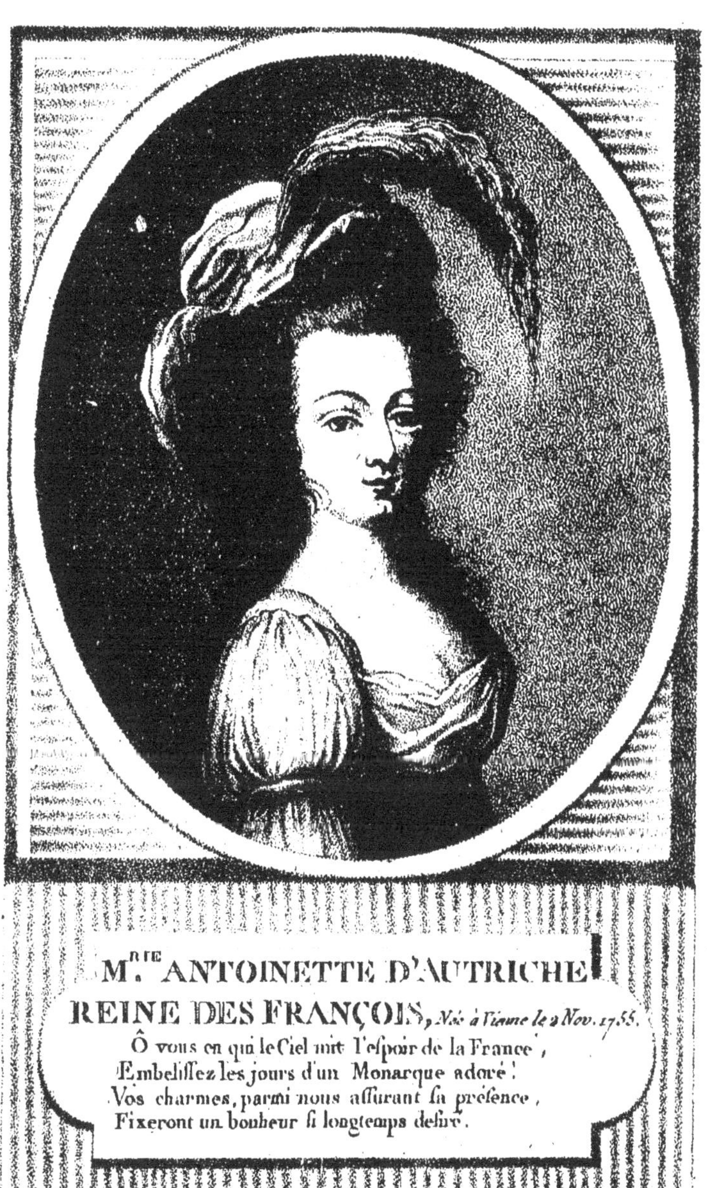

M.rte ANTOINETTE D'AUTRICHE
REINE DES FRANÇOIS, Née à Vienne le 2 Nov. 1755.
Ô vous en qui le Ciel mit l'espoir de la France,
Embelissez les jours d'un Monarque adoré!
Vos charmes, parmi nous assurant sa présence,
Fixeront un bonheur si longtemps desiré.
Mad.e Dabos inv.
Phelippeaux Sculp.

N.º 124

REGNAULT (J.-C.)

127 — MARIE-ANTOINETTE. Copiée d'après nature à la
Conciergerie. *Publié par Alcan*. In-8° (315).
Très belle épreuve avant la lettre, sur papier de
Chine.

ROGER (B.-J.)

128 — MARIE-ANTOINETTE DE LORRAINE, D'AUTRICHE,
Reine de France. In-fol., d'après Roslin (321).
Belle épreuve d'un ancien tirage, petites mouil-
lures.

ROUSSEAU (A.-F.)

129 — *Eugéni ou la noblesse*. Allégorie avec portraits
de Marie-Antoinette et de sa mère Marie-Thérèse
d'Autriche, d'après C.-N. Cochin le fils. In-4°
(326).
Belle épreuve à toutes marges.

130 — La même composition.
Très belle épreuve avant toutes lettres, grandes
marges.

RUOTTE

131 — MARIE-ANTOINETTE D'AUTRICHE. Ovale in-4°,
d'après Cesarine F... (327).
Très belle épreuve avant la lettre, à toutes
marges.

132 — Le même portrait.
Très belle épreuve, imprimée en bistre et en
couleurs, marges.

RUOTTE

133 — LA FAMILLE ROYALE. Trois bustes de profil dans un médaillon, sur une pyramide tronquée, d'après Sauvage. In-4º (328).

Très belle épreuve avant la lettre, marges.

RUET (L.)

134 — MARIE-ANTOINETTE, Reine de France (non décrit). VIGÉE LE BRUN (Mme). Deux petits portraits en médaillon, gravés à l'eau-forte.

Très belles épreuves d'artiste avant toutes lettres, sur parchemin.

SAINT-AUBIN (Aug. de)

135 — LA FAMILLE ROYALE. Trois bustes de profil dans un médaillon, sur une pyramide tronquée, d'après Sauvage. In-4º (332).

Très belle épreuve avant les noms et la dédicace, grandes marges. On y a joint une copie. Deux pièces.

SAINT-AUBIN (Aug. de)

136 — LA FAMILLE ROYALE. Trois bustes de profil, sur fond noir. In-32 (333).

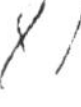

Deux épreuves sur fonds ovale et rectangulaire, destinées à être montées en chatons de bagues, avant toutes lettres. Très rare.

SCHIAVONETTI (L.)

137 — MARIE-ANTOINETTE, Reine de France et de Navarre, d'après Stroehling. In-8º (338).

Très belle épreuve, marges.

SCHIAVONETTI (L.)

138 — Le Dauphin enlevé à sa mère. In-fol. en larg.,
d'après D. Pellegrini, 1794 (339).

Très belle épreuve à toutes marges, avec l'adresse
de Colnaghi.

SCHIAVONETTI (L.)

139 — The Separation of Lewis the Sixteenth from his
family, in the Temple.

The Last interview between Lewis the Sixteenth
and his disconsolate Family in the Temple.

Deux estampes in-fol. faisant pendants, d'après
C. Benazech (non décrites).

Très belles épreuves, grandes marges, la première
est avec la lettre grise.

SERGENT (A.)

140 — MARIE-ANTOINETTE, Reine de France. Petit
buste en médaillon, d'après Mme Vigée-Lebrun.
In-18. *A Paris, chez Levachez* (non décrit).

Superbe épreuve imprimée en couleurs, petites
marges, très rare.

SULLIN (P.-V.)

141 — Allégorie avec portraits en médaillons de
Louis XVI et de Marie-Antoinette. D'après
De Lorge. Petit in-fol (non décrit).

Belle épreuve, marges.

TARDIEU (Alexandre)

142 — Marie-Antoinette, Archiduchesse d'Autriche, Reine de France et de Navarre. In-fol., d'après Dumont (350).

Belle épreuve à grandes marges.

UNGER (W.)

143 — Marie-Antoinette. In-4° (non décrit).

Belle épreuve imprimée en couleurs avant la lettre, sur papier de Chine.

VALLIARI (Se vend chez)

144 — Médaillon représentant un tombeau sur la face duquel sont sculptés les bustes en camées du Roi et de la Reine. In-8° (353).

Très belle épreuve, grandes marges.

VENZO (C.)

145 — Marie-Antoinette, late Qneen of France, in the prison of the Conciergerie, at Paris, during the interval between her sentence and exécution. D'après Mme la Marquise de Bréhan. Ovale grand in-4° (201 *bis*).

Belle épreuve, grandes marges, copie de la gravure de Keating.

VÉRITÉ

146 — Marie-Antoinette, Archiduchesse d'Autriche, Reine des Français. D'après Mme Le Brun. In-8°.
A Paris, chez l'auteur (non décrit).

Très belle épreuve, grandes marges.

147 — Le même portrait.

Belle épreuve, petites marges.

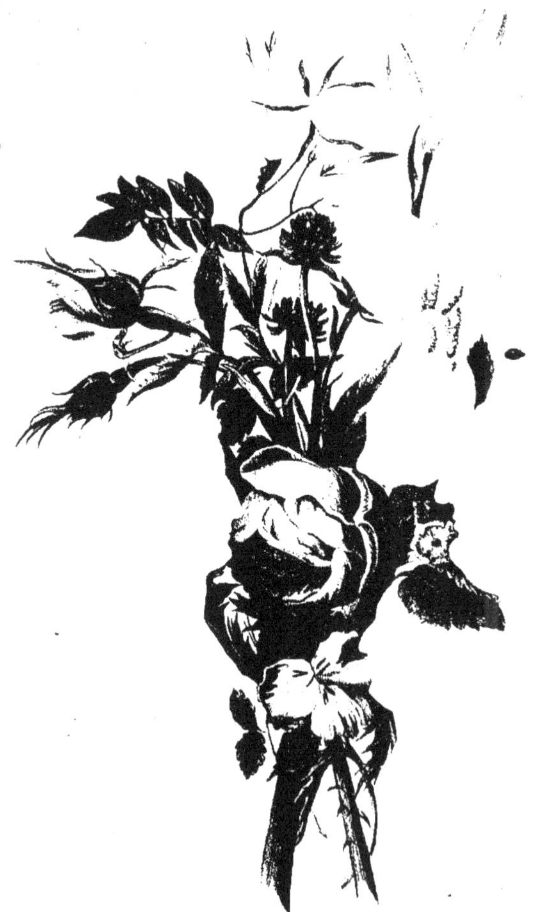

Ces fleurs nous attirent [illegible]

Nº 101

J. MARCHAND

VÉRITÉ

148 — La Séparation de Marie-Antoinette d'Autriche
d'avec sa famille, dans la Tour du Temple. In-fol.
en larg., d'après Bouillon (357).
Belle épreuve, marges.

VIGNA-VIGNERON

149 — MARIE-ANTOINETTE d'Autriche, Reine de France
et de Navarre. In-fol, avec cadre doré, reproduction de la gravure de Fr. Janinet.
Belle épreuve.

150 — Le même portrait.
Très belle épreuve avec le cadre imprimé, sans
le nom d'artiste.

VOYEZ LE JEUNE

151 — Tableau magique de Zémire et Azor. Dédié à
Madame la Dauphine, d'après Touzé. In-fol. (365).
Très belle épreuve, grandes marges.

VOYEZ

152 — MARIE-ANTOINETTE, Reine de France, d'après
Vanloo. In-8°, cadre orné (366).
Belle épreuve à toutes marges.

ANONYME

153 — MARIE-ANTOINETTE D'AUTRICHE, femme de
Louis XVI. In-12, en pied (374).
Gravure intéressante pour le costume, petites
marges.

ANONYME

154 — Marie-Antoin^te d'Autriche, Sœur de l'Empereur, Reine de France. Profil. In-8° (393).

Très belle épreuve imprimée et rehaussée de couleurs, marges.

155 — Marie-Antoinette (Mater dolorosa). Louis XVI. Louis XVII. Trois portraits in-8°, en médaillons gravés à l'aquatinte (394).

Très belles épreuves, marges.

156 — Marie-Antoinette d'Autriche, Reine de France (401). Louis XVI, Roy de France. Deux portraits in-4°, avec scènes au bas.

Belles épreuves, sans marges sur les côtés.

157 — Le portrait de la Reine (401).

Très belle épreuve, le médaillon imprimé en couleurs, petites marges.

158 — Famille royale de France. Médaillon en tête du Testament de Louis XVI. Pet. in-fol. (413).

Belle épreuve. On y a joint le médaillon colorié, ensemble deux pièces.

159 — *Marie-Antoinette.* Représentée à mi-corps dans un ovale, de face, le bras droit appuyé sur un meuble qui porte le buste du Roi. Gravure au pointillé, sans nom d'artiste. Ovale in-8° (425).

Très belle épreuve imprimée en couleurs, sans marges, dans un cadre ovale.

160 — Le même portrait.

Épreuve avant la lettre, marges.

ANONYME

161 — Bustes du Roi et de la Reine, de profil dans des médaillons. Sujet allégorique. Trois pièces (428).

Impression en couleurs, rehaussée d'or sur satin blanc, tirée de plusieurs planches. Elle a été reproduite par M. Dupont-Auberville, dans son ouvrage : *l'Ornementation des tissus, au type des rubans enlacés.* Très rare.

162 — Dans la cour d'une prison, s'élève un monument formé d'une pyramide, sur un socle étagé, sur le sommet, un vase avec les profils du Roi et de la Reine. In-4º (446).

Belle épreuve, grandes marges.

163 — MARIE-ANTOINETTE, en buste dans un médaillon. In-18.

Très belle épreuve avant toutes lettres, marges.

164 — MARIE-ANTOINETTE, Reine de France. In-4º en pied, de profil à droite et tenant le sceptre ; à gauche, un buste de négresse.

Très belle épreuve coloriée du temps, et rehaussée d'or, marges.

165 — MARIE-ANTOINETTE, Reine de France, née à Vienne, le 2 nov. 1755, profil à gauche, in-18 en méd.

Très belle épreuve imprimée en bistre, avant l'adresse, marges.

166 — MARIE-ANTOINETTE, Reine de France, avec coiffure à plumes, dans un ovale, entourée d'une bordure rectangulaire, et gravée à la manière de lavis. In-18.

Très belle épreuve, grandes marges.

ANONYME

167 — MARIE-ANTOINETTE. LOUIS XVI. Deux petits profils en cire, dans des petits cadres ronds avec frontons.

Diam., 65 millim.

168 — MARIE-ANTOINETTE. LOUIS XVI. Deux portraits en médaillon, sur un monument funéraire, brodé au plumetis.

Pièce intéressante.

169 — Apothéose de Marie-Antoinette. In-fol. à la manière noire. *Publié par l'Echo de la Jeune France.*

Belle épreuve, marges.

170 — Entrée de Monseigneur le Dauphin et de Madame la Dauphine à Paris, le Huit Juin 1773. In-fol.

Pièce pour un almanach. Épreuve restaurée.

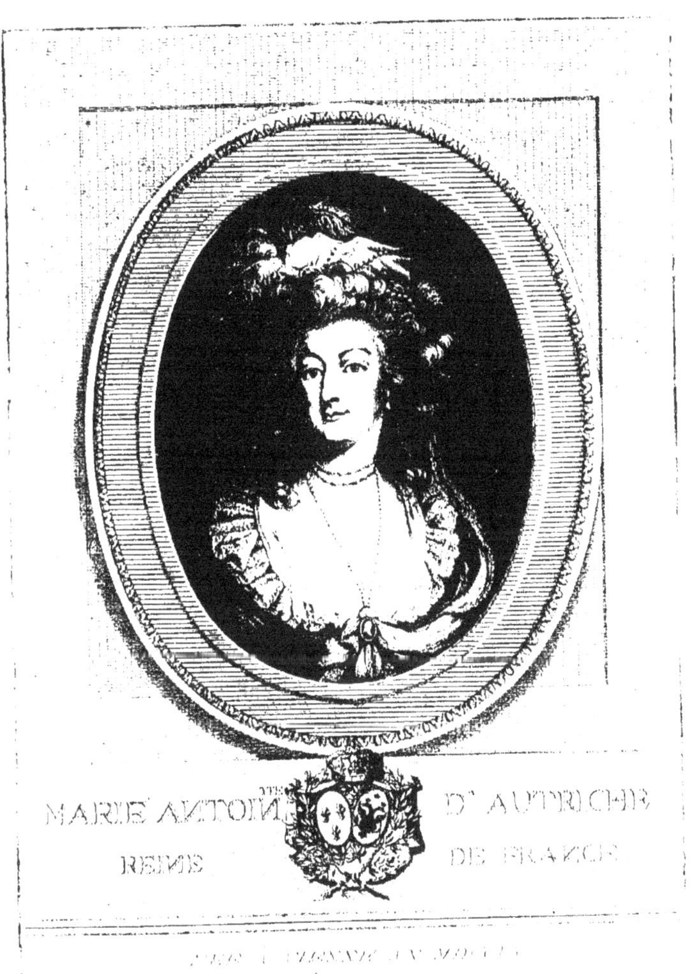

N 35

CURTIS

DEUXIÈME PARTIE

Portraits de la Famille royale

ANONYME

171 — La Famille royale. Trois profils dirigés à
gauche dans un médaillon ; au bas, la scène de la
séparation. In-8°.

Très belle épreuve imprimée en couleurs,
marges ; en haut, à droite, le n° 443.

172 — Exemple d'humanité donné par Madame la
Dauphine, le 16 8bre 1773. In-4° en larg.

Belle épreuve, marges.

173 — Le Roi et la Reine se montrant au peuple, à la
terrasse des Tuileries. In-4° en larg. (non décrit).

Rare épreuve à l'eau-forte pure, petites marges.

174 — Louis XVI, Roi des Français, père d'un peuple
libre. Médaillon in-8°.

Belle épreuve imprimée en couleurs avant
l'adresse, à toutes marges.

175 — Marie-Thérèse-Charlotte de France, née à
Versailles. Louis-Charles de France, né à Versailles. Deux portraits réunis dans un médaillon
in-8°, avec légende de quatre vers.

Très belle épreuve, petites marges.

ANONYME

176 — Marie-Thérèse-Charlotte. Profil à droite, dans un petit médaillon surmonté d'une couronne d'étoiles. In-18, pour dessus de boîte.

Très belle épreuve imprimée en couleurs, petites marges.

BARTOLOZZI (Fr.)

177 — Marie-Christine, Archiduchesse d'Autriche, Duchesse de Saxe-Teschen, Gouvernante générale des Pays-Bas. D'après le chevalier Roslin. 1782. In-fol.

Très belle épreuve imprimée à la sanguine, avec très grandes marges.

BRICEAU

178 — L'Heureux jour de la France : Louis XVI couronné à Reims le 11 Juin 1775. In-fol., d'après J.-B. Huet (437).

Très belle épreuve gravée et imprimée en couleurs. *A Paris, chez Briceau,* marges.

179 — La même estampe.

Épreuve en noir, sans marges et restaurée.

CITALIS (S.)

180 — Louis Dix-Sept, Roi de France et de Navarre. Marie-Thérèse-Charlotte, Madame fille du Roi. Deux portraits ovales dans des encadrements ornés d'attributs variés, d'après J. Miery, in-4°.

Très belles épreuves imprimées en bistre et les figures rehaussées de couleurs, à toutes marges.

CRUIKSHANK (D'après)

181 — The Last Interview between Louis XVI, King of
France, and his Family. In-4°, à l'eau-forte (non
décrite).
Belle épreuve, petites marges.

DAMBRUN (J.)

182 — La France à genoux présente le Dauphin à
Henri IV. In-4°, d'après Queverdo.
Frontispice pour une édition de la *Henriade*.
In-4°. Belle épreuve.

DEBUCOURT (P.-L.)

183 — Angoulême (Madame la Duchesse d'), au tombeau
de ses parents. Gr. in-4° à la manière noire (non
décrit).
Très belle épreuve, marges.

GABRIELLI (A.)

184 — Louis Dix-Sept. Marie-Thérèse-Charlotte.
Deux portraits in-8°, faisant pendants, d'après
J. Miery.
Très belles épreuves imprimées en bistre,
marges.

INGOUF (P.-C.)

185 — La Famille du Comte d'Artois, d'après la boëte
donnée par cette Princesse à M. Busson, son
1er Médecin. In-4°. Cadre orné.
Très belle épreuve à toutes marges.

JANINET (A Paris, chez)

186 — La naissance de Monseigneur le Dauphin, médaillon de Louis XVI avec revers, dans un cartouche richement orné. In-4° en larg.
Belle épreuve, marges.

LEVACHEZ

187 — Le Testament de Louis XVI, ou les Regrets et l'Espérance. (Famille de Louis XVIII et, dans le fond, Louis XVI et sa famille dans le Temple.) In-fol. en larg., gravé à la manière noire et terminé par Chaponnier (non décrit).
Belle épreuve.

MOREAU LE JEUNE (d'après J.-M.)

188 — Les Vœux accomplis. Portrait de Mme LA COMTESSE D'ARTOIS, sur un socle entouré de personnages allégoriques, par J.-B. Simonet, 1783. In-fol.
Très belle épreuve avant la dédicace, marges.

NAUDET (A Paris, chez)

189 — Allégorie sur la naissance de Monsieur le Dauphin, fils de Louis XVI, Roi des François. In-fol.
Belle épreuve, grandes marges.

NÉE et MASQUELIER

190 — Le Sacre de Louis XVI, estampe allégorique d'après Ch. Monnet. Gr. in-4°.
Belle épreuve à toutes marges.

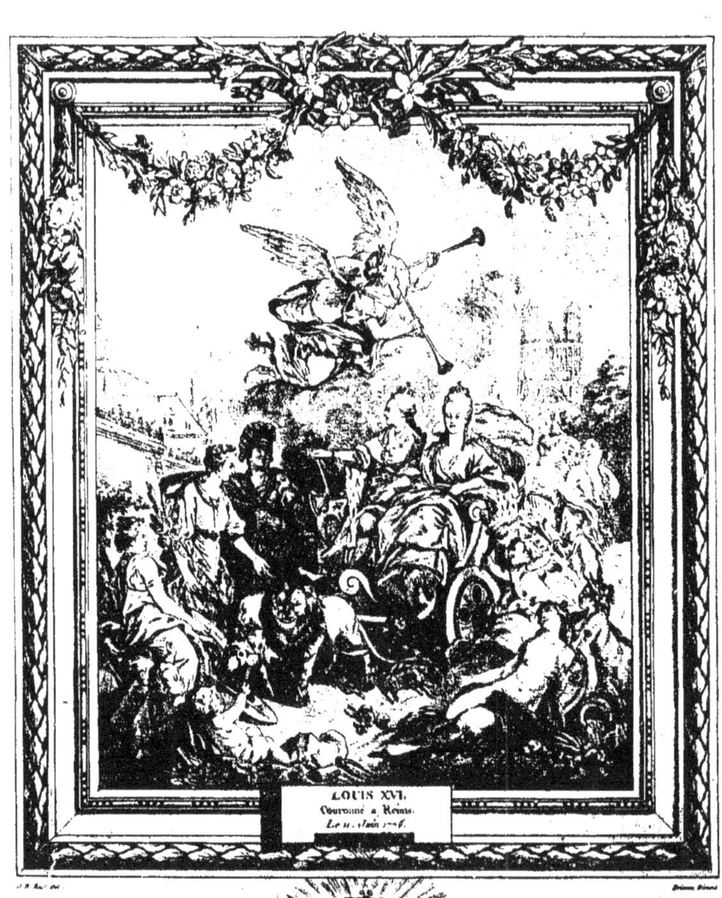

L'Heureux Jour de la France.

N° 178

BRICEAU

PAROY (Cte de)

191 — Estampe allégorique sur la naissance du Dauphin, et où sont représentées les Parques, la France et l'Autriche. In-fol. en larg. *A Paris, chez Janinet.*

Très belle épreuve, imprimée en bistre, marges.

RIDÉ

192 — Louis XVI, Roi de France, d'après *Bénard*. Publié en tête des *Hommes illustres*, imprimés chez Blin. Ovale in-4°.

Très belle épreuve imprimée en couleurs, petites marges.

SCHIAVONETTI (N.)

193 — Louis XVI. In-8°, d'après F. Hue.

Belle épreuve à toutes marges.

VANGELISTY

194 — Monument à la gloire de Louis XVI. In-fol. en larg., d'après Monsiau.

Belle épreuve, sans marges sur les côtés.

TROISIÈME PARTIE

CARICATURES

195 — Le Ci-devant Grand couvert de Gargantua moderne. In-fol. (486).

Belle épreuve coloriée. On y a joint la copie en réduction, publiée dans le *Musée de la Révolution* de Jaime. Deux pièces.

196 — MARIE-ANTOINETTE sous la figure de Thémis. In-4º en larg., à l'eau-forte et au lavis (non décrit).

Belle épreuve.

197 — La Famille des Cochons ramenée dans l'étable. Pièce satirique (non décrite).

Belle épreuve coloriée.

198 — Halte-là, Plus d'aristocratie (Marie-Antoinette à cheval sur un paon). In-4º (non décrite).

Belle épreuve coloriée.

199 — Ainsi va le monde. Dédié à tout ce qui reste de Princes et de Potentats en Europe. In-4º à la manière de lavis (non décrit).

Très belle épreuve, marges.

200 — La Poulle d'Autruche. In-4º à l'eau-forte et au lavis (non décrit).

Belle épreuve, avec une autre sujet au verso : *Ah ! le bel enfant. Embrassez maman nourrice.*

201 — Complainte de Marie-Antoinette. Veuve de
L. Capet, exécuté le 25e jours du 1er mois de la
Seconde année de la République française, à
11 heures du matin. In-4º avec texte.
Épreuve coloriée du temps,

202 — Le Promenoir royal ou la fuitte en Empire.
« Pauvres enfants vous vous êtes brûlés à la chan-
delle ». Pièce curieuse avec le portrait du général
Lafayette (non décrite).
Belle épreuve coloriée.

203 — Les Deux ne font qu'un. Pièce satyrique (non
décrite).
Belle épreuve coloriée.

204 — Le Roi Esclave ou les Sujets Rois. Female
Patriotism. *1790, by S. W. Forès.* In-fol. en
larg. (non décrit).
Belle épreuve coloriée.

QUATRIÈME PARTIE

Sujets divers — Portraits en lots

---

205 — Marie-Antoinette. Treize portraits différents, gravés au xviiie siècle. In-18 et in-8°.

Belles épreuves, plusieurs sont avant la lettre.

206 — Marie-Antoinette. Trente-huit portraits et sujets différents, gravés au xixe siècle. In-8° et in-4°.

Belles épreuves, plusieurs sont avant la lettre ou à l'eau-forte.

207 — Portraits de Louis XVI. Testament de Louis XVI. Lamballe (Mme de). Élizabeth (Mme). etc. Sept pièces de divers formats.

Belles épreuves.

208 — Portraits de la Famille royale, représentés par groupes. Huit pièces de divers formats.

Belles épreuves.

209 — Portraits de la Famille royale, représentés en silhouettes. Sept pièces anciennes de divers formats.

Plusieurs sont avant la lettre.

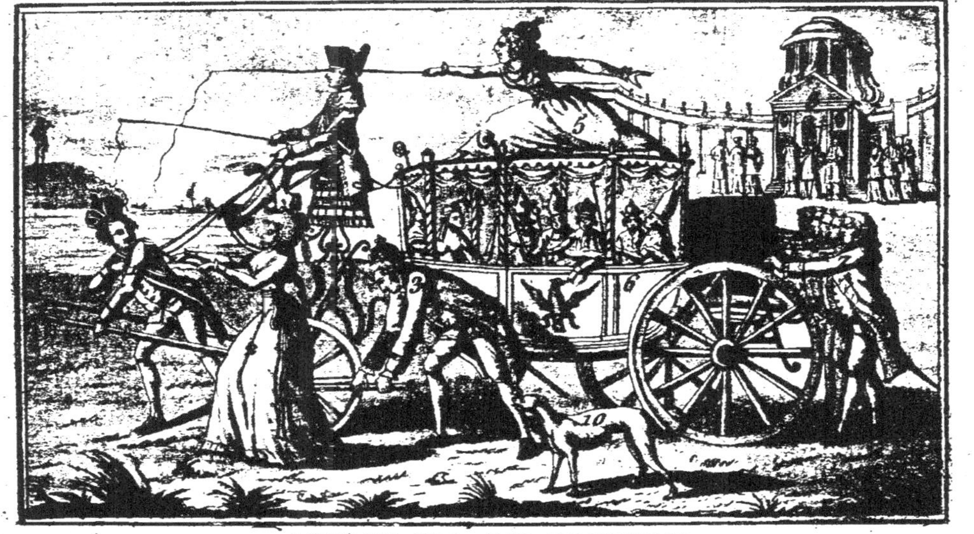

AINSI VA LE MONDE

Dedié à tout ce qui reste de Princes et de Potentats en Europe.

1. L'empereur.
2. La reine de fr.
3. Louis XVI.
4. Le Roi de Suede.
5. L'imperatrice des Russie.
6. Des Princes, et Evêques de vorms spire trêve &c.
7. Les Princes français.
8. Le Pape et ses Cardineaux.
9. Pit souhaitant bon voyage.
10. Espions jacobin.

N. 199

210 — Le Dernier moment de la vie de Louis XVI. Saule pleureur. Portrait de la Reine. Journaux illustrés, etc. Dix pièces.

211 — Représentation du *Bol-Sein* dit de Rambouillet et de Trianon. Photochromie de Léon Vidal. In-4°.

Épreuve avec grandes marges.

212 — Soulier de la Reine Marie-Antoinette. In-4°, gravé à l'eau-forte, par A. Guillaumot. 1859.

Belle épreuve avant la lettre, sur papier de Chine, à toutes marges.

213 — Scènes et sujets relatifs à la Famille royale, tirés de *la Révolution de Paris, la Révolution française*, etc. Quatorze pièces in-8°.

Belles épreuves, plusieurs sont avant la lettre.

214 — Scènes de séparation, des adieux, etc. Dix pièces de divers formats.

Belles épreuves, plusieurs sont avant la lettre ou à l'eau-forte pure.

215 — Exécution de la Reine. Encadrements pour l'ouvrage de Trianon. Photographies, gravures au trait, etc. Dix pièces de tous formats.

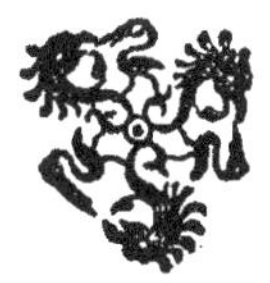

www.ingramcontent.com/pod-product-compliance
Ingram Content Group UK Ltd.
Pitfield, Milton Keynes, MK11 3LW, UK
UKHW031813170726
13836UKWH00003B/1368